OS SÁBADOS SÃO COMO UM GRANDE BALÃO VERMELHO

LINIERS

Tradução de Fabrício Valério

DEDICADO A MATILDA E CLEMENTINA...
MINHAS PEQUENAS MUSAS.

Pssst...
Pssst...
Acorda,
Clemi.
ACORDA!

Co... da?

Hoje é SÁBADO!
Hoje?

Há tantas coisas que podemos fazer.

Podemos fazer um PIQUENIQUE.

Podemos colher flores coloridas.

Por isso temos que acordar aos sábados...

VAMOS LOGO! HOJE É SÁBADO O DIA INTEIROOO!

HOJE!

O café da manhã é mais gostoso no sábado.
SLURP!
GLUG! GLUG!
Viu? É igual, só que com um gosto melhor.
Porque hoje é SÁBADO!

Não se preocupe!
A *chuva* é DIVERTIDA.
Você só precisa se vestir adequadamente.

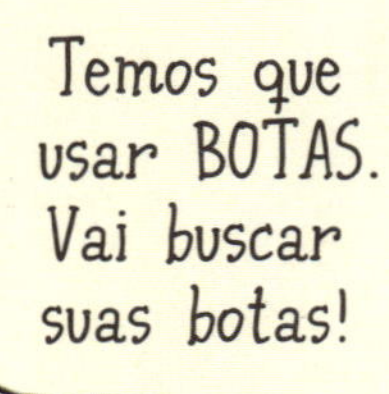
Temos que usar BOTAS. Vai buscar suas botas!

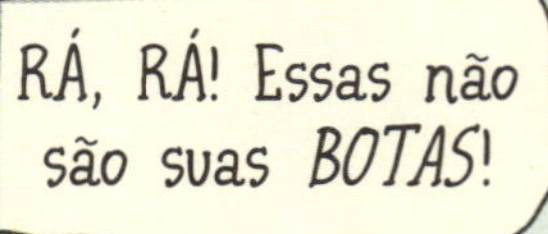
RÁ, RÁ! Essas não são suas *BOTAS*!

Esse é o BALÃO vermelho do seu aniversário!

Anda, pega as suas botas de BORRACHA.
Borracha?

ESSAS NÃO SÃO SUAS BOTAS!

Esse é o seu patinho de BORRACHA!

QUAC, QUAC!

Senta aqui, Harrods.

Sinto muito, mas você não é tão impermeável assim.

Um...
dois...
e...

TRÊS!

CLEMI! Você está perdendo a diversão.

Molha.

Você tem que experimentar as coisas, Clemi.

Se não experimenta, como vai saber se gosta?

Molha!

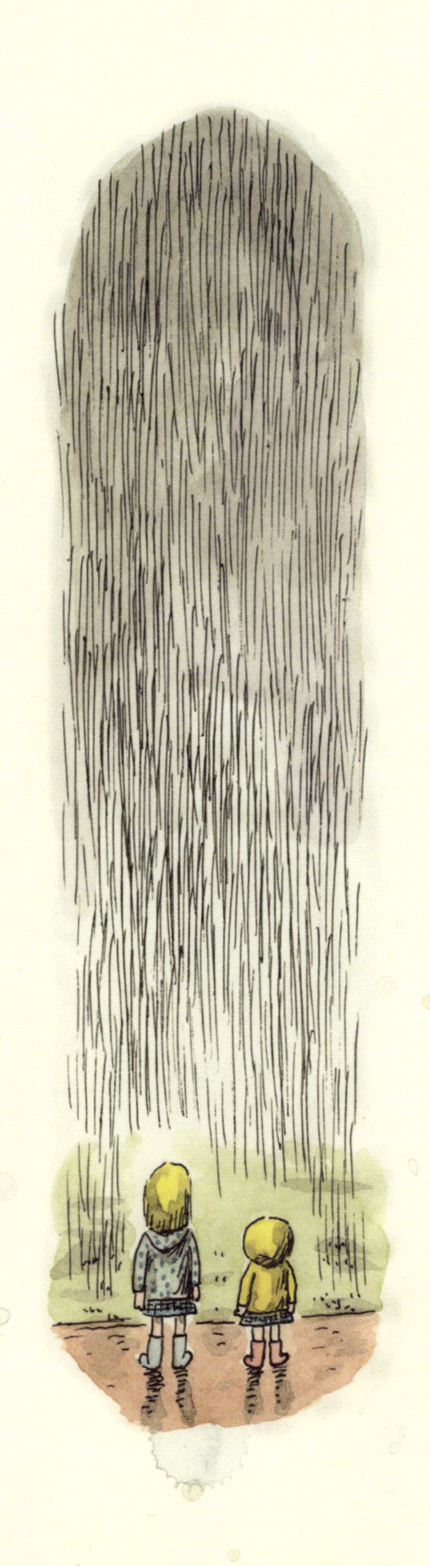

Faça o que quiser. Eu vou me DIVERTIR!

Molha!

Espera aqui.
Pega isto.
CLEMI, ESPERA!
Tô INDO!

Deixa eu te mostrar.
FLAP
Incrível, não?
SIIIM!

Isto não é divertido?
Vertido.
Xiii... escuta.
A chuva faz som de aplausos.

CLAP, CLAP
Epa... começou a ventar.

FLAP
AAH!!!

A gente nem queria esse guarda-chuva velho mesmo. OLHA SÓ!

SNIF
AAAAAAH!!!

AAAAAAAAH!!!

AAAAAAAAAAHH!!!

Todo mundo sabe que as nuvens se chocam e explodem com chuva.

BRROOOM!

AAAAAAAH! MAIS CHUVA!

Na chuva, a gente pode fazer muita coisa.

Pegar GOTAS com a língua!

SALTAR E SAPATEAR nas poças!
Po-ças!
Pegar MINHOCAS... ECA, QUE NOJENTO!
Faz assim, Clemi.
SNIIIFF
ADORO o cheiro dos dias de chuva!

Ei! Continua chovendo, mas o sol saiu.
SOL!

Olha! Um ARCO-ÍRIS!!!
Temos que dar algo colorido para o ARCO-ÍRIS!
ARCORIRIS!

Espera aqui.

LALÃO!

Vamos dar o
BALÃO para
o arco-íris.

LALÃO!

À NOITE...

Clemi, desculpa pelo balão...

A gente tinha que dar alguma coisa para o arco-íris. Era TÃÃÃO lindo!

Mas quero que seu SÁBADO termine bem...

Pedi para a mamãe que conseguisse mais balões.
LALÕES!

Boa noite, Clemi.
Amanhã é domingo...
e os domingos também
são divertidos!
Mingo!

FIM

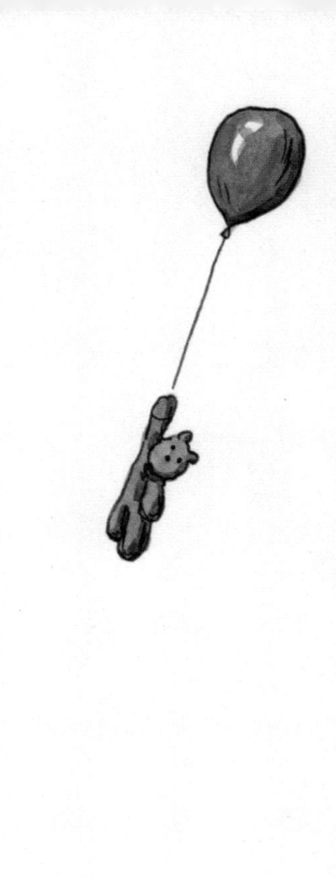

SOBRE O AUTOR

RICARDO LINIERS SIRI nasceu no ano de 1973 em Buenos Aires (Argentina). Desde 2001, publica a tira diária *Macanudo* no jornal argentino *La Nación*. Com mais de 20 livros publicados, sua obra já chegou a países como Canadá, Espanha, Estados Unidos, França, Itália, México e República Checa. No Brasil, as tiras de Liniers foram publicadas pelo jornal *Folha de S.Paulo* entre 2009 e 2011. Venceu o Troféu HQ Mix duas vezes: como melhor desenhista estrangeiro (2009) e na categoria melhor publicação de tiras (em 2012, com a coletânea *Macanudo 4*). Em 2015, a exposição "Macanudismo" passou por cidades como Rio de Janeiro, Recife, Brasília e São Paulo. Ele também viaja pelo mundo fazendo desenhos ao vivo nos concertos do músico Kevin Johansen. Vive com sua mulher e com as pequenas Matilda, Clementina e Emma em Vermont (EUA), onde é artista-residente no Center for Cartoon Studies. Assim como suas filhas, o quadrinista gosta mais dos dias de chuva do que dos dias de sol. *Os sábados são como um grande balão vermelho* foi indicado ao Eisner Awards 2014 na categoria melhor publicação para primeiros leitores.

por Matilda, aos 5 anos.

por Clementina, aos 3 anos.

TÍTULO ORIGINAL *Los sábados son como un gran globo rojo*

EDIÇÃO Natália Chagas Máximo
REVISÃO Flavia Lago e Thaíse Costa Macêdo
DIREÇÃO DE ARTE Ana Solt
DIAGRAMAÇÃO Ana Solt
CAPA E DESIGN Françoise Mouly e Liniers
FOTOS Liniers

Os desenhos deste livro foram feitos com tinta, aquarela e gotas de chuva

Dados Internacionais de Catalogação na Publicação (CIP)
(Câmara Brasileira do Livro, SP, Brasil)

Liniers
Os sábados são como um grande balão vermelho / Liniers ; tradução Fabrício Valério. – 1. ed. –São Paulo : V&R Editoras, 2017.

Título original: Los sábados son como un gran globo rojo

ISBN 978-85-507-0134-9

1. Histórias em quadrinhos - Literatura infantojuvenil I. Título.

17-07149 CDD-028.5

Índices para catálogo sistemático:
1. Histórias em quadrinhos : Literatura infantil 028.5
2. Histórias em quadrinhos : Literatura infantojuvenil 028.5

VERGARA & RIBA EDITORAS S.A.
Rua Cel. Lisboa, 989 | Vila Mariana
CEP 04020-041 | São Paulo | SP
Tel.| Fax: (+55 11) 4612-2866
vreditoras.com.br | editoras@vreditoras.com.br

SUA OPINIÃO É MUITO IMPORTANTE

Mande um e-mail para **opiniao@vreditoras.com.br** com o título deste livro no campo "Assunto".

1ª edição, set. 2017 | reimpressão, abr. 2018
FONTE LiniersMAC 16/16pt
PAPEL Offset 150 g/m²
IMPRESSÃO *Intergraf*
LOTE I287808